mit Naturwesen leben

suraya-buecher.de

Buch

Dank dem fleißigen Wirken der Naturwesen, strahlt die Natur Lebendigkeit und Schönheit aus. Wir können die Wesen der Natur auch in unser Leben einladen, denn sie möchten uns gerne unterstützen. Durch den Kontakt mit ihnen üben wir uns in Achtsamkeit, kommen im Jetzt und bei uns an. Ihre Weisheit lehrt uns, der Natur und uns selbst Gutes zu tun. Gerne möchten uns Elfen, Feen und Elemente Heilung schenken. Die Autorin stellt unterschiedliche Naturwesen und deren Lebensräume vor. Anhand zahlreicher Übungen und praktischer Tipps, lehrt sie uns Kontakt aufzunehmen. Auf der Internetseite zum Buch, können die LeserInnen von ihren Erlebnissen berichten.

Autorin

Als Freiraumplanerin und Alpha Chi Consultant (Feng Shui Beraterin) gestaltet Suraya Gärten und Freiräume, die zum Wohlfühlen einladen, www.suraya-la.com. Seit 2008 schreibt sie spirituelle Ratgeber u.a. über Engel, Naturwesen und Achtsamkeit. Weitere Informationen zu ihren Büchern erhalten Sie auf ihrer Website www.suraya-buecher.de. Seit 2010 lebt Suraya in der Schweiz am Lago Maggiore.

von Suraya außerdem bei BoD

mit Engeln leben
Glücklich SEIN
Tatsachenberichte über Engel & Naturwesen

Suraya

mit **Naturwesen** leben

Wichtel, Kobolde, Elfen, Feen & Co.

Bibliografische Information der Deutschen Nationalbibliothek: Die Deutsche Nationalbibliothek verzeichnet diese Publikation in der Deutschen Nationalbibliografie; detaillierte bibliografische Daten sind im Internet über http://dnb.d-nb.de abrufbar.

© 2009

Herstellung und Verlag: Books on Demand GmbH, Norderstedt

Umschlaggestaltung: Suraya
Umschlagmotiv: photocase/ © aremac
Illustrationen: © Suraya

ISBN: 9783839128718

Inhalt

Habe Wichtelfamilie zu Hause entdeckt!

W o c h e n l a n g, hatte unsere Telefonleitung eine Störung. Die Internetverbindung brach hin und wieder zusammen, was meine WG Mitbewohner verzweifeln ließ. Eines Tages traf mich beim Kochen die Erkenntnis wie ein Blitz. Ich erinnerte mich, was ich über Wichtel gelesen hatte. Sie interessieren sich sehr für technische Geräte und manipulieren diese auch gerne. Wichtel sind feinstoffliche Wesen, Naturwesen. Früher nannte man sie „die kleinen Leute". Sie sehen uns Menschen ähnlich, sind jedoch viel kleiner, in etwa Knie hoch. Sie lieben Traditionen und kleiden sich am liebsten traditionell, volkstümlich.

Zaghaft fragte ich, ob außer mir noch jemand im Raum sei. Stille. Dann folgte: „Ja klar, wir sind`s deine Wichtel!" Natürlich wollte ich wissen, wie lange sie schon bei mir waren. Der Zeitraum deckte sich genau mit dem der Telefonstörungen. Alfons, der Wichtelvater, liebte es an unserer Telefonanlage herum zu spielen. Er fand es lustig, wenn sich meine Mitbewohner über die Störung aufregten. Ich wusste, dass Wichtel gemütliche Stellen im Zimmer lieben und wollte wissen, wo sie sich gerne aufhielten und wo sie schliefen. „Bei dir im Bett, da ist es so schön kuschelig!" Ich fand diese Vorstellung gar nicht so kuschelig, zumal sie zu sechst waren. Ich wies ihnen für nachts einen neuen Ort unter dem Bett zu und Alfons ein Bodensitzkissen, das sonst niemand nutzen sollte. Ich hatte also Zuwachs bekommen, meine neuen Mitbewohner hießen: Alfons, Maria, ihr ältester Sohn Pascal, die Kleinen waren Elfride, Angela und Tom. Wie ich wusste, setzt sich ein Wichtelname eigentlich aus zwei Namen zusammen. Aus dem ihres Königreichs und einem, der den Eltern besonders gut gefällt. Alfons erklärte, dass sie bei mir lieber einen Menschennamen tragen und in der Welt der Wichtel ihren Wichtelnamen benutzen.

Meine kleinen Mitbewohner animierten mich täglich zum Tanzen, mal mehr, mal weniger erfolgreich. Wir versammelten uns zu dritt in der Mitte des Zimmers, hielten uns an den Händen und tanzten gemeinsam im Kreis oder einzeln. Manchmal tanzten Maria und Alfons auch als Paar zusammen. Oftmals tanzte einer von uns eine Bewegung vor, die anderen tanzten sie dann nach. Bei diesen Tänzen ergab es sich, dass sich mein Schutzengel meldete und mit mir tanzen wollte. So ließ ich mich intuitiv führen, die Bewegungen waren sehr weich und fließend. Er drehte und wirbelte mich im Kreis bis mir ordentlich schwindelig war. Anfangs stand er hinter mir und führte meine Bewegungen. Später, als ich ihn darum bat, stand er mir gegenüber.

Gemeinsam mit meinen Wichteln sah ich zu Hause den Film Stuart Little. Ich wusste, Wichtel lieben solche animierten Filme. In dieser amerikanischen Komödie wird die Maus Stuart zum Helden. Versteckt unter der Kochmütze des Küchenlehrlings, dirigiert sie dessen Bewegungen und gemeinsam zaubern sie sensationelle Gaumen-freuden. Durch diesen Film inspiriert, begann ich gemeinsam mit Wichtelmama Maria zu kochen. Sie gab mir einige Tipps, auf die ich alleine nicht gekommen wäre. Gemeinsam amüsierten wir uns, dass auch ich nun einen kleinen Helfer hatte, ganz ohne Kochmütze. Ich sprach mit Maria über meine innere Stimme und verwendete die Gewürze und Zutaten, die sie mir nannte.

Mit geschlossenen Augen konnte ich sehen, wie die Wichtel gekleidet waren, ihre Gesichter erkannte ich jedoch noch nicht. Mit den Händen ertastete ich ihre Körper. Die Energie spürte ich als leichtes Kribbeln, wenn sie auf meinem Schoß saßen oder wir uns berührten. Manchmal gruselte es mich, aber mein Herz sagte stets WEITER.

Ich gab meinen Wichteln wichtige Aufgaben. Bei Bedarf reinigten sie meine Aura und Alfons bewachte auf meine Bitte hin das Zimmer vor negativen Einflüssen. Sobald die Zimmertüre geöffnet war, stand er Wache.

Mit der Zeit erkannte ich einen meiner Herzenswünsche. Aus Alexa Krieles Buch „Von Naturgeistern lernen" wusste ich, dass auf die Gemeinschaft von Naturwesen, Engeln und Menschen eine große Aufgabe zukommt. Gemeinsam sollen wir daran arbeiten, die Schöpfung zurück zum Vater, zu Frieden und Freude, zurück ins Paradies zu führen.

Da ich viel mit Engeln arbeitete, wollte ich mich dieser gemeinsamen Aufgabe widmen. Ich wollte einen feinstofflichen Raum, gefüllt mit Liebe, um mich erschaffen, in dem sich Naturwesen und Engel treffen könnten.

Als eines Tages eine Freundin zu Besuch war, fragte sie meine Wichtel, ob sie denn für sie eine Botschaft hätten. Da die Information so umfangreich war, schrieb sie den Text auf. Dies war für mich eine Schlüsselsituation. Bis zu diesem Zeitpunkt hatte ich meine Wichtel weder gefragt, ob sie für mich eine Botschaft hatten, noch warum sie eigentlich bei mir waren. Es war mir auch nicht in den Sinn gekommen aufzuschreiben, was sie mir mitteilten, da unsere Gespräche nur kurz waren. Schnell verlor ich die Lust oder wurde müde und wusste überhaupt nicht was ich sie fragen sollte. Von sich aus redeten Alfons und Maria nicht, sie beantworteten nur meine Fragen. Nachdem ich also nun endlich fragte, warum sie eigentlich bei mir waren, klärte mich Maria auf. Es gäbe viele

Grausamkeiten unter den Menschen. Ich müsse stark werden, lernen mich zu schützen und nach Außen treten, um ihr Wissen zu verbreiten. Das wäre ihr Schatz, den sie seit langer Zeit bewahren und nun sollte die Menschheit davon erfahren. Die Menschen müssten wieder an Naturwesen glauben und sie damit stärken. Menschen und Naturwesen müssten wieder zusammen arbeiten, um die Natur zu retten.

Es zeigte sich, dass ich dieses Buch schreiben sollte. Zuerst war ich schockiert, wie sollte ich ein Buch schreiben? Alfons beruhigte mich. Alles, was ich lernen müsse, sei zuzuhören. Sie würden mich durch dieses Buch führen.

Trainiere Deine Sinne.

Innere Stimme

Das wichtigste ist, dass ihr Menschen lernt auf Eure Innere Stimme zu hören. Übe dies täglich und bei jeder Gelegenheit. Lass Dich von dieser Stimme führen und nicht vom Verstand ablenken. Lerne im Moment zu sein und werde langsam. Die Achtsamkeit ist ein wichtiges Tor zur Welt der Naturwesen. Wenn Du im Moment sein kannst, dann nimmst Du das Pulsieren, das Leben in jeder Pflanze, in jedem Stein, in der Natur wahr. Du fühlst Deine Verbundenheit. Du spürst Dich als Teil der Natur.

Samen der Liebe

Sät den Samen, damit Liebe wachsen kann. Nur in einer liebevollen Grundstimmung kannst Du mit uns Kontakt aufnehmen. Sei geduldig, gib nie auf. Auch wenn Du nicht sofort etwas siehst oder Antwort bekommst, ist das kein Grund aufzugeben. Alles ist Ent-wicklung, Du musst erst einmal wachsen, einen Schritt nach dem anderen tun. Du kannst keinen Schritt überspringen, alles baut auf einander auf. Alles passiert zum passenden Zeitpunkt, nach Gottes Plan.

Widerstände durchbrechen

Sei fleißig und durchbrich Deine Widerstände. Dein Verstand, Dein Ego erschafft sie, um Dich klein zuhalten. Das Ego fürchtet nichts mehr, als die Kontrolle zu verlieren. Die meiste Angst hat der Mensch nicht vor seinen Schatten, sondern vor seinem Licht, vor seiner wahren Größe. Höre auf Dein Herz und lass es siegen. Lass Dich nicht durch Geschäftigkeit und Deinen Alltag abhalten, nimm Dir immer wieder Zeit mit uns Naturwesen in Kontakt zu treten. Werde still, werde ruhig und öffne Dich. Am besten Du gehst an einen Ort in der Natur, an dem Du Deine Ruhe hast. Fortgeschrittene können mit uns auch an belebteren Orten in Kontakt treten.

Zentrierung

Zentriere Dich. Stell Dir eine innere Achse vor, die Dich mit dem Himmel und der Erde verbindet. Zieh Dich in Deine innere Welt zurück. Spüre, wie Du Deine Aufmerksamkeit in Deinem inneren Körper oder im Außen haben kannst. In diesem inneren Raum ist Stille und hier kannst du Deine Innere Stimme hören. Hier kannst Du Bilder empfangen, sie sortieren, heraus finden was für eine Bedeutung sie haben. Hier kannst Du mit uns in Kontakt treten. Es ist, als würdest Du innerlich einen Schritt nach hinten treten und einfach nur sein.

Ausdauer

Streng Dich an und sei mutig. Es ist kein leichter Weg, das gebe ich zu, aber du wirst belohnt werden. Du hast soviel Kraft und Fähigkeiten, von denen Du noch gar nichts weißt. Sie schlummern tief in Dir. Auch wir Wichtel können Euch nicht sofort sehen und müssen das erst lernen. Wobei es uns, glaube ich, viel leichter fällt.

Lausche

Achte auf die Musik, die überall in der Natur zu hören ist. Lausche den Blättern im Wind, lausche dem Plätschern des Wassers, hör auf das Trommeln des Regens, achte auf das Pfeifen des Windes. Sieh die Schönheit der Spiegelungen in Teichen und Seen, ja sogar in Pfützen. Staune über das Glitzern der Sonne im Wasser und das Funkeln der Sterne.

Rieche und Schmecke

Rieche die Erde, den frischen Geruch von Gras, den betörenden Duft der Blumen, den Geruch von frischem Obst und Gemüse. Schmecke, wie wunderbar alles Natürliche ist. Konzentriere Dich beim Essen auf das, was Du isst, sei nicht in Gedanken. Nimm die Unterschiede war, trainiere Deine Geschmacksnerven.

Fühle

Berührst Du manchmal die Rinde eines Baumes? Berühre die Pflanzen, streiche ihnen sanft über die Blätter. Halte vorher kurz inne und prüfe, ob du es darfst, ob Du willkommen bist. Dann streichle sie, sie lieben Deine Berührung. Bist Du öfters barfüßig in der Natur? Spüre die Erde, spüre Kies, Gras, Holz und Wasser. Wie fühlen sich die unterschiedlichen Elemente an?

Schau genau hin

Was siehst Du, wenn Du einen Baum anschaust? Wie viel Zeit nimmst Du Dir überhaupt dafür? Siehst Du die feinen Härchen, die manche Blätter tragen? Entdeckst Du die kleinsten Details? Spürst Du seine Lebendigkeit, sein Bewusstsein, das Naturwesen, das ihn belebt? Frag das Baumwesen, das den Baum bewohnt, ob es mit Dir sprechen möchte. Es kann männlich oder weiblich sein. Lädt es Dich ein oder ist es abweisend? Nähere Dich ihm ganz langsam von weitem. Wenn es seine Ruhe haben möchte, dann geh weiter zum nächsten Baum. Sei behutsam und respektiere den Wunsch des Wesens. Baumwesen, auch Devas genannt, sind eigentlich liebevolle Wesen, wenn Du sie aber störst, obwohl sie ihre Ruhe haben möchten, dann kann das sehr unangenehm werden.

Hast Du Dich jemals in den Anblick einer Blume vertieft? Nimm Dir Zeit jedes noch so kleine Detail zu entdecken. Schau und erkenne Ihre Essenz. Welche Tiere kommen und gehen? Beobachte das Treiben. Tanzt die Blume im Wind? Neigt sie ihr Köpfchen? Halte zärtlich einen Blütenkelch, sieh ihn Dir an. Freue Dich an diesem Wunder der Natur. Lass Dich von seiner Zartheit und Eleganz berühren. Erzähl ihr wie schön sie ist, dann tust du es den Elfen gleich.

Benutze all Deine Sinne, wenn Du Dich in der Natur bewegst. So öffnest und sensibilisierst Du Dich.

20

Lerne Elemente bewusst wahrzunehmen.

Elementarwesen sind das Bewusstsein der Elemente – Feuer, Erde, Wasser und Luft. Sie sind Naturwesen übergeordnet, genauso wie Erzengel, eine Hierarchie über Engeln stehen. Elementarwesen haben umfassendere Aufgaben als Naturwesen und koordinieren deren Wirken.

Feuer

Lausche dem Knistern des Feuers
Vertiefe Dich in die Flammen. Schau mit starrem Blick und lass das Bild verschwimmen. Lehne Dich innerlich zurück und entspanne Dich dabei. Lass den Tanz der Flammen vorbei ziehen und grüße innerlich die Wesen, die das Feuer beleben.

Nähre Dein inneres Feuer
Spüre Deinen Körper, konzentriere Dich nacheinander auf all Deine Körperteile. Lenke Deinen Atem zu den Füßen, in Deine Beine, Deinen Unterleib, Deinen Bauch, Deinen Solarplexus. Spüre Deinen Brustkorb, Deine Schultern, Deine Arme, Hände, Hals, Nacken. Entspanne Dein Gesicht, Deine

Stirn, die Wangen, lass alle Muskeln locker, fühle Deine Kopfhaut. Nimm nun das ganze Energiefeld Deines inneren Körpers wahr. Wie fühlt sich Dein Körper an? Fühlt er sich kalt und dunkel an oder ist er warm und hell? Aktiviere Dein inneres Feuer. Leuchtend erfüllt es Deinen ganzen Körper, lodert durch alle Körperteile. Das Feuer transformiert alte Verhaltensmuster und Strukturen, die aufgelöst werden dürfen. Nähre das Feuer in Dir, wirf alles hinein, was Dich bedrückt und einengt.

Stell Dich ins Erdenfeuer
Stell Dich, Füße parallel und hüftbreit auseinander, in Position. Lass nun Deine Energie vom Becken durch Beine und Füße in die Erde einfließen. Bitte die Erdelementarwesen Deine Energie, weit ins Erdinnere, bis zum Erdenfeuer zu tragen. Bitte Mutter Erde Dich in ihr Erdenfeuer zu stellen und Dich zu nähren. Bitte nun die Feuerelementarwesen, Dich bis zur Hüfte mit Feuer zu umgeben. Du stehst mit Deinem gesamten Wurzelchakra im Erdenfeuer und wirst darüber genährt. Halte die Konzentration einige Minuten, dann bedanke Dich bei Mutter Erde und bei den Feuerwesen für ihre Hilfe.

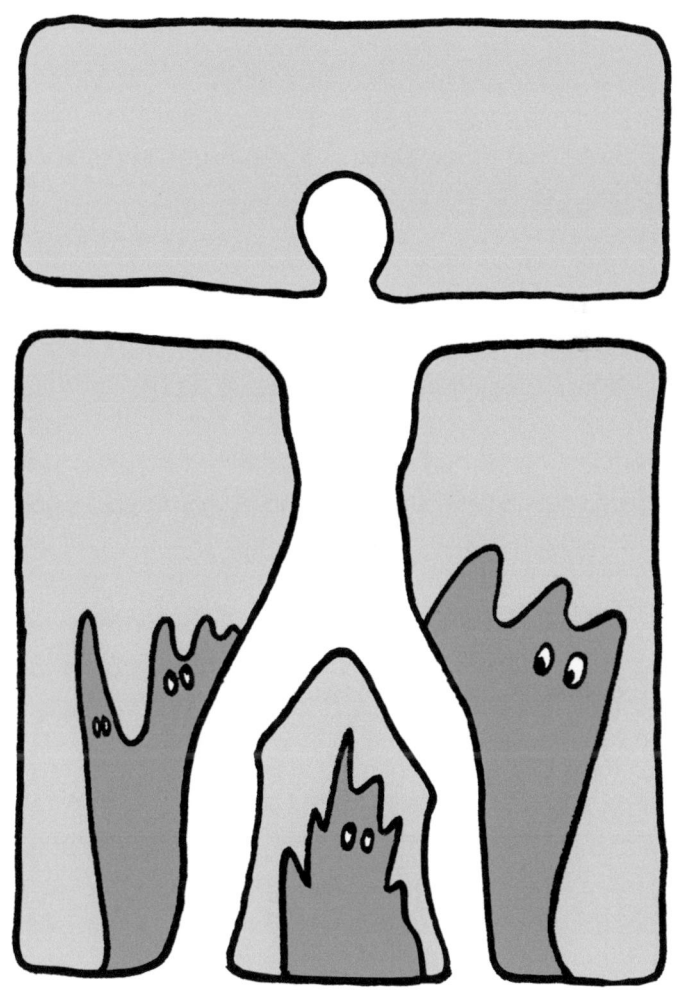

Erde

Nimm frische Erde mit Deinen Händen auf, betrachte sie, fühle sie, rieche sie, zerbrösel sie. Mach Dir bewusst, dass Erde kein „Dreck" ist. Gehe so oft wie möglich barfuß und verbinde Dich mit Mutter Erde. Lass Deine Energie in die Erde fließen, stell Dich barfuß in ein Beet mit frisch umgegrabener Erde.

Erde Dich

Werde so stabil wie ein Baum. Stell Dich, Beine hüftbreit auseinander, in Position. Fühle, wie Du starke Wurzeln ausbildest, die tief in die Erde reichen. Nicht nur direkt nach unten, sondern wie die Krone eines Baumes, weit ausladend, in alle Richtungen. Nimm Dir Raum. Lass Deine Energie in die Erde fließen, bitte die Erdelementarwesen, Deine Energie tief in die Erde hinein zu tragen.

Schenke Mutter Erde Heilung

Fliege in Gedanken in den Himmel, lass Dich ins All treiben. Betrachte von dort oben unsere Erde. Nun umarme sie und schenke ihr all Deine Liebe. Hülle sie zusätzlich in rosafarbenes Licht aus Deinem Herzchakra. Mach das ein paar Minuten, dann komm wieder zurück auf die Erde. Ganz ins Hier und Jetzt und erde Dich wieder gut.

Wasser

Schau das Wasser an, wie es Wellen schlägt. Spüre, wie weich und geschmeidig es Dich um fließt. Nimm es auf mit den Händen und lass es durch Deine Finger rinnen. Schau Dir die Tropfen an, wie sie die ganze Welt spiegeln. Entdecke die verschiedenen Geräusche, die Wasser machen kann. Glucksen, plätschern, tropfen, brodeln, trommeln ...

Heilquellen der Erde
Sieh, wie das Wasser durch das Gestein ins Erdinnere rinnt, folge ihm. Tiefer und tiefer. Vor Dir erscheint eine klare, sprudelnde Quelle mit goldenem Wasser. Die Hüterwesen der Quelle begrüßen Dich. Steig hinein, das Wasser ist angenehm warm. Bade Deinen ganzen Körper. Tauche unter, wenn Du magst. Spüre das Wasser, wie es Dich trägt, reinigt und belebt. Du kannst die Hüterwesen nach einer Botschaft oder einem Geschenk fragen. Wenn Du etwas über das Element Wasser erfahren möchtest, dann kannst Du sie auch dazu befragen. Wenn Du genug hast, dann bedanke Dich und komm wieder ganz zurück ins Hier und Jetzt.

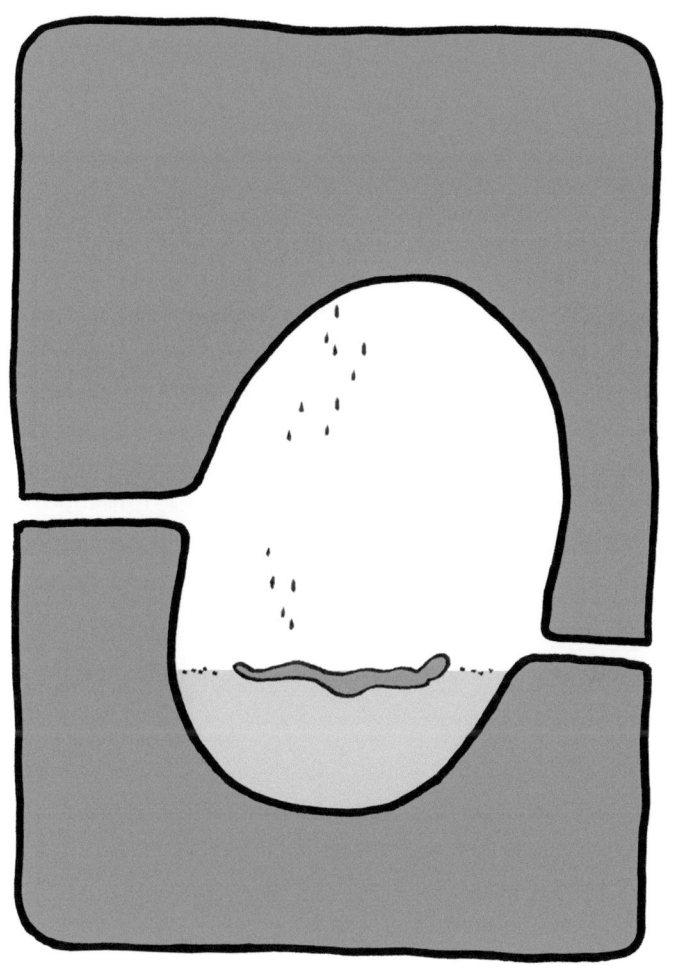

Reinige Dich

Du bist unter einem imaginären Wasserfall. Spüre, wie Dich das Wasser erfrischt. Bunte, exotische Blumen und kraftvolle, grüne Natur umgeben Dich. Vögel trällern fröhlich vor sich hin, die Sonne scheint, bunte Schmetterlinge schwirren durch die Luft. Helles, klares Wasser schießt an Dir vorbei. Übergib dem Wasser alle Sorgen, alle Ängste, alles was Dich bedrückt. Lass es los! Stell Dir vor, wie all dies Dunkle von Dir abgewaschen wird. Dein Körper leuchtet nun hell. Danke dem Wasser, dass es all Deine Sorgen mit nimmt. Ehre das Wasser, wann immer Du kannst. Auch beim täglichen Duschen, kannst Du das Wasser bitten, alle Sorgen und Negativität mitzunehmen, Dich zu reinigen.

Luft

Spüre die Luft als kühlen Windzug auf Deiner Haut. Fühle die Frische und Reinigung, die sie bringt. Übergib dem Wind all Deine Sorgen. Lass ihn Deinen Kopf, Deine Gedanken frei blasen. Lass Dich von seinem Tanz, der Wildheit und Leichtigkeit anstecken.

Tanz der Freude

Schwebe zum Himmel und fliege durch die Lüfte. Lass Dich wirbeln, drehen, schlage Salti. Tanze mit dem Wind! Lass Dich tragen, spüre die Frische und Leichtigkeit, die er Dir schenkt. Genieße das Temperament, die Wildheit und die grenzenlose Freiheit. Sieh die Luftwesen, nimm sie an der Hand und tanze mit ihnen. Wenn Du genug hast, dann bedanke und verabschiede Dich von ihnen. Komm wieder zurück ins Hier und Jetzt. Spüre Deinen physischen Körper, recke und strecke Dich. Lass Deine Energie tief in die Erde fließen. Erde Dich gut!

Wo Du Naturwesen findest

Alle Naturwesen werden aus Mutter Erde, der göttlichen Mutter, geboren. Wenn sie sterben, kehren sie wieder in den Schoß der Mutter zurück. Es gibt viel mehr Arten von Naturwesen, als die die ich Dir hier vorstelle. Du solltest wissen, dass es keine von Natur aus bösartigen Naturwesen gibt, sie sind alle liebenswerte, gute Wesen. Es gibt jedoch ein paar unter ihnen, die Dich in die Irre leiten wollen. Es ist ihr Spiel, ein Test, ob Du ängstlich bist oder ob Dein Vertrauen und Deine Liebe schon felsenfest sind. Lass Dich also nicht aus der Ruhe bringen.

Jeder Baum, jeder Strauch, jede Blume, jeder Stein, alles in der Natur ist belebt und hat Bewusstsein. Naturwesen sind emotionale Wesen, die mit den menschlichen Emotionen in Resonanz treten. Naturwesen helfen u.a. den Pflanzen zu wachsen. Sie sind für die Lebendigkeit verantwortlich, ohne sie würde die Natur fahl und matt wirken. Nachts, wenn Tiere und Menschen schlafen, ruhen auch die meisten Naturwesen. Nur ein paar wenige haben dann besondere Aufgaben.

Feuerwesen

Kobolde

In der Natur findest Du Kobolde an Stellen mit Feuerenergie. An Feuerstellen, bei Pflanzen, die dem Element Feuer zugeordnet sind (Brennessel, Feuerdorn) oder an Orten, an denen es temperamentvoll zugeht (Jahrmarkt, Feste) und Orten mit großer Unordnung (nach Stürmen, Überschwemmungen). Sie sind liebenswerte Lausbuben oder Mädels, die zu jedem Schabernack bereit sind. Sie lieben es, Menschen dazu zu bringen, albern zu sein. Sie sorgen dafür, dass die Menschen ihre Echtheit und Natürlichkeit behalten. Die Kobolde würden Euch gerne begleiten, aber ihr müsst sie dazu einladen. Dann sitzen sie auf Eurem Kopf oder Eurer Schulter. Konzentriere Dich, vielleicht kannst Du ein leichtes Kribbeln spüren oder ihre Größe ertasten. Lass Dich nicht foppen, sie mogeln gerne, halten die Hände hoch oder springen in die Höhe, um sich größer zu machen. Sie sind eben kleine Witzbolde. Sie wünschen sich, dass Du sie in dein Leben lässt und sie anerkennst. Wenn Du ein Glas oder eine Zuckerdose um stößt, Dir etwas Ungeschicktes passiert, dann kannst Du darauf wetten, dass die Kobolde im Spiel sind. Damit wollen sie Dich aus Deinen Gedanken aufwecken oder aus einer gezwungenen Situation befreien.

Atmanen

Atmanen beleben die Glut des Feuers, hüten sie bis sie verglimmt. Wie uralte Greise und Greisinnen sitzen sie im Kreis. Sie verschenken ihre Liebe, Wärme und Güte. Sie hüten alles, was beständig Wärme und Liebe spendet: Freundschaft, Treue, Hingabe und Fürsorge. Sie wünschen sich von Euch, dass Ihr sie anerkennt und mit ihnen redet. Über die innere Stimme oder laut hörbar, das ist egal. Sie möchten, dass Ihr gut zuhört, was sie Euch an Weisheiten zu erzählen haben.

Fünkchen

Auch die Funken des Feuers haben Bewusstsein, das sind die Fünkchen. Sie leben zwar nur kurz, bevor sie zu Mutter Erde zurückkehren, sind aber sehr kraftvoll. Sie begleiten auch Blitze, Sternschnuppen und Gedankenblitze, dann leuchten sie kurz in Eurer Umgebung auf. Ihr erkennt ein Gesicht im Funken, aber jeder sieht einen anderen Gesichtsausdruck. Das hängt von der jeweiligen Lebenssituation des Betrachters ab. Ihr Ausdruck ist eine Botschaft an Euch. Sie wünschen sich, dass ihr sie ehrt und anerkennt. Sie wollen Euch Menschen dazu bringen, die Erkenntnis des Seins, die göttliche Quelle, hinter Eurem Verstand zu finden.

Salamander

Die Salamander bewohnen die Flammen. Versucht bei offenen oder geschlossenen Augen Ihre Gesichter zu erkennen. Je älter ein Salamander (Flamme), umso kraftvoller ist seine Energie. Beim Ewigen Licht in der Kirche ist die Energie somit sehr hoch. Dies bestärkt Euch in Klarheit, Entschlossenheit, Willenskraft, Leidenschaft und Liebesfähigkeit. Salamander beleben auch die Sonne, deshalb berührt Euch die Schönheit des Sonnenuntergangs. Wenn Ihr eine Kerze oder ein Feuer anzündet, dann begrüßt die Salamander und heißt sie willkommen. Löscht Ihr die Kerze oder das Feuer, so bedankt Euch bei ihnen. Wenn Ihr mögt, dann könnt Ihr sie bitten, Mutter Erde einen Gruß zu überbringen.

Alumnen

Die Alumnen sind die Hüter des Regenbogens. Sie sind zu siebt. Sechs sind für seine Farben zuständig, jeder jeweils für eine. Der siebte ist ihr Meister, er vereint alle Farben in reinem Weiß. Der Regenbogen ist ein Symbol für den Bund Gottes mit der Erde. Die Alumnen hüten auch jede Form des Versprechens, das ihr in Eurem Leben gebt. Sie bauen entlang Eures Lebensweges Regenbögen für jedes Versprechen, das ihr gebt. Haltet Ihr das Versprechen, so entsteht ein schöner Regenbogen. Haltet Ihr es nicht, so bricht der Regenbogen ab. Sie wünschen sich, dass Ihr sie seht, sie anerkennt. Schaut Euch euren Lebensweg an, betrachtet die Versprechen, die Ihr eingehalten habt und die Regenbögen. Seht Ihr die Alumnen, wie sie ihre Farbe hüten?

Erdwesen

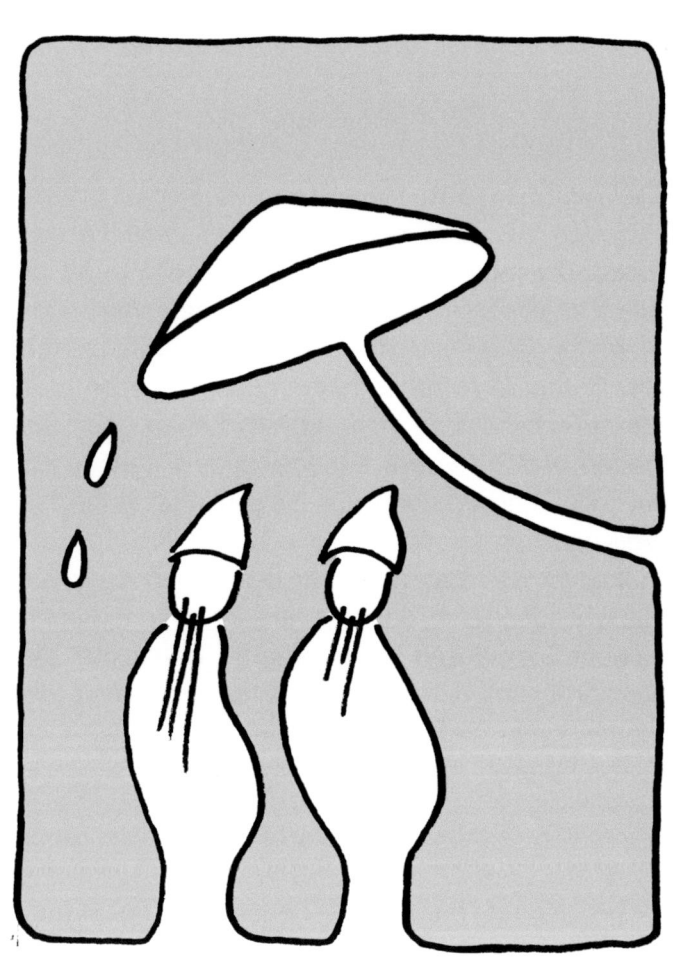

Wichtel

Lernt uns Wichteln gut zu zuhören. Seid nicht so laut und plappert nicht unentwegt. Wenn Ihr uns Fragen stellt, dann gebt uns auch lange genug Zeit Euch zu antworten. Macht nicht immer reflexartig das Radio an, sondern lernt die Stille zu lieben. Geht liebevoll miteinander um, wir lieben harmonische Beziehungen. Lüftet nach einem Streitgespräch den Raum, so zieht die dicke Luft ab. Am besten Ihr diskutiert lieber im Freien, da können Euch die anderen Naturwesen helfen. Wir leben harmonische, glückliche Beziehungen, diese Energie wollen wir in Euren Räumen verbreiten. Wir kommen zu Euch in die Häuser, um Euch dies zu lehren. Wir lieben die Gemeinschaft und bilden große Familien. An wichtigen Feiertagen möchten wir gerne mit unserem Volk feiern, bitte gebt uns dann frei. Verabschiedet uns, macht uns die Türe auf und lasst uns auch wieder herein, wenn wir zurück gekommen sind. Wir könnten natürlich auch kommen und gehen wie wir wollen, aber wir lieben dieses Ritual. Manchmal sind wir dann Tage fort. Stellt den Unterschied fest, wie es ist ohne uns. Stellt fest, dass Ihr uns vermisst. So kann unsere Liebe für einander noch stärker werden. Wir sind gerne an einem gemütlichen Plätzchen in Deinem Heim. Toll wäre, wenn Du uns einen Bereich zuweist, an dem nur wir sein können. Wir leben sehr gerne bei Euch Menschen, denn wir lieben all

Eure technischen Geräte und beobachten Euch so gerne. In der Natur findest Du uns in Wäldern, auf Lichtungen, im Unterholz und in Steinformationen.

Zwerge

Klein aber oho. Zwerge sind gerade mal däumlingsgroß, höchstens ellenlang. Sie sind sehr geschäftige Wesen. Sie sind Hüter der Schätze. Jeder Zwerg behütet in seinem Herz einen Schatz. Sie hüten etwas, das sie sehr lieb gewonnen haben, eine Wiese, einen Baum, einen Weg. Liebevoll betrachten sie ihren Schatz und sind anwesend. Sie versorgen ihn mit der Energieschwingung der Liebe. Du kannst sie dir zum Freund machen, wenn auch Du einen Schatz hütest. Wenn Du die Liebe zu Deinem Liebsten im Herzen trägst, dann kommen sie zu Dir. Sie möchten, dass Du ihnen von Deinem Schatz erzählst. Es kann aber auch alles mögliche andere sein, Hauptsache Du liebst es von ganzem Herzen. So schließen sie Vertrauen und erzählen Dir dann auch von ihrem Schatz. Zwerge sind äußerst scheue Wesen. Du musst vielleicht öfters kommen, bevor sie sich zeigen. Du findest sie in Hohlräumen, in dunklen Felsspalten, Wurzelhöhlen und Wurzelstümpfen. Sie sind sehr Licht scheue Wesen, am besten kannst Du mit ihnen in der Abenddämmerung Kontakt auf nehmen.

Erdmännchen

Die Erdmännchen leben direkt unter der Erdoberfläche und in allen Schichten bis zum Erdenfeuer. Sie lieben Neuigkeiten und erzählen sie in Windeseile weiter. Sie sind das Informationsnetz in der Erde. In der äußersten Schicht halten sie die aktuellen Geschehnisse fest, in den tieferen Erdschichten bewahren sie die Erinnerungen. Die Erdmännchen der obersten Schicht wünschen sich, dass Ihr ihnen Eure aktuellsten Geschehnisse erzählt. Spannende oder romantische Geschichten, die sie gerne weitererzählen. Dann sind sie glücklich. Legt Euch im Freien auf den Boden und hört was sie zu erzählen haben. Wenn ihr sie Euch zum Freund gemacht habt, dann begleiten sie Euch unterirdisch, sobald Ihr im Freien seid.

Wurzelkinder

Schaut Euch Bäume mit auffälligem Wurzelwerk an. Oft sind die Wurzeln schön bemoost, sehen lustig aus. Hier wohnen die Wurzelkinder, sie helfen dem Baum zu wachsen. Setze Dich zu ihnen, betrachte aufmerksam die Wurzeln. Lass Dich berühren von ihrer Schönheit. Spüre die Leichtigkeit und Freude, die ihn Dir aufsteigen. Hörst Du das Kichern der Wurzelkinder? Vielleicht klettern sie gerade an Dir hoch. Sie sind gerade mal Daumen groß. Sie lieben alle freudigen Menschen, Kinder und verliebte Pärchen. Sie wünschen sich von Dir, dass Du öfters mal anhältst, Dich zu ihnen setzt und dich von ihrer Freude anstecken lässt.

Wasserwesen

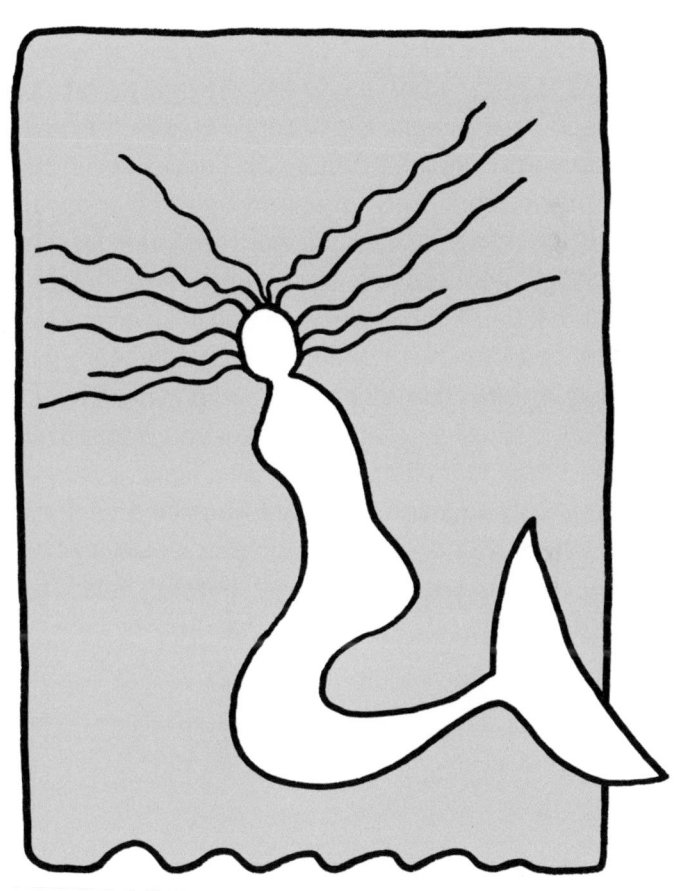

Nixen und Wassermänner

Nixen und Wassermänner (Nöks) leben in großen Gewässern. In breiten, langsamen Flüssen, Seen und im Meer. Als Königspaar regieren sie über einen bestimmten Abschnitt. Im Meer leben sie in größeren Gemeinschaften. Sie sind größer als ein Mensch, haben zarte Gesichtszüge. Ihr Oberkörper ist durchsichtig, ab dem Rumpf gehen sie ins Wasser über. Ihr Gesichtsausdruck ist nur schwer zu erkennen. Sie hüten und speichern alle emotionalen Geschehnisse, die jemals in ihrem Gebiet passiert sind. Wasser hat ein enormes Speichervermögen. Das Wissen, das jeder Tropfen mitbringt, nehmen die Nixen und Nöks auf und hüten es. Es bleibt lebendig in der Erinnerung des Ortes. Stellt Euch vor, jeder Tropfen Wasser wäre entweder eine Träne der Freude oder der Trauer. Sie lehren Euch emotional zu sein und trotzdem in Eurer Mitte zu ruhen. Öffnet Euer Herz und lasst Euch berühren, dann macht ihr Euch ihnen ähnlich. Die innere Ruhe entsteht durch die Gewissheit, dass trotz allem was so tief bewegt, alles gut werden wird.

Nymphen

Nymphen leben in der Nähe von Quellen. Zur Morgen- und Abenddämmerung tanzen und singen sie dort. Das ist ihre Art das Wasser zu heiligen. Dieses Wasser belebt die Sinne und aktiviert Eure Selbstheilung. Sind die Nymphen jedoch vertrieben, so ist das Quellwasser wirkungslos. Sie leben nur an Quellen, die mitten in der Natur sind, fernab vom Lärm und der Hektik der Menschen. Ihr könnt sie beobachten, aber sie fassen nur Vertrauen, wenn Ihr Euch langsam nähert. Ihr solltet sie einige Tage lang zur selben Uhrzeit besuchen. Nähert Euch bedacht und in weicher Bewegung. Ihr macht sie Euch zu Freunden, indem Ihr Kristalle, oder etwas Goldglimmer in ihre Quelle legt. Das farbige Schimmern und Glitzern gefällt ihnen sehr. Entweder nehmt Ihr die Nymphen vor Eurem inneren Auge als zart weiß-gelb tanzende Schleier und Bänder wahr oder Ihr erkennt ihre fast durchsichtige Gestalt, die halb so groß ist wie ein Mensch. Sie wirken wie junge Mädchen, obwohl sie einige Jahrhunderte alt werden können. Damit die Nymphen wirken können, wünschen sie sich, dass Ihr die Umgebung der Quellen schützt, die ursprüngliche Natur bewahrt.

Undinen

Undinen sind wild und unbändig. Sie leben in tosenden Bächen, in Wellen und Wasserfällen. Sie lieben das Überschäumende, das Ekstatische, in absoluter Gegenwärtigkeit. Sie sind weiblich, menschengroß, mit langem Haar, hübschem Gesicht und feuriger Natur. Sie sind keine lieben, zarten Naturwesen, sondern unberechenbar und mitleidlos, aber auf keinen Fall bösartig. Sie achten mutige Menschen, die zum Beispiel ihre Wellen reiten, sie helfen ihnen bei Gefahr. Übermütigkeit verachten sie. Verunglückt so jemand, dann trauern sie nicht. Ängstliche Menschen langweilen sie, die übersehen sie. Begebt Euch zu ihnen, an tosende Gewässer, lasst Euch von ihrer Kraft und Vitalität beleben! Das ist ihr Geschenk.

Nyaden

Nyaden (Nebelfrauen) leben in Nebelschleiern, Nebelschwaden und stillen Gewässern. Sie hüten die zeitlose Ruhe. Ihre Qualität ist wie die Windstille im Zentrum eines Wirbelsturms. Von Gestalt sind sie alte, weise Freuen mit strähnigem Haar und langem Gewand. Raum und Zeit verschwinden. Den in Meditation Geübten, bringen sie in einen Zustand der Einheit und des Friedens. Alltag und Sorgen verschwinden, alles wird unwichtig. Den in Meditation Ungeübten, bringen die Nyaden zur Verzweiflung, versetzen ihn in Rage und Angst. Sie wünschen sich von Euch, dass Ihr ihnen Eure Zeit übergebt, entspannt und abwartet. Achtet darauf, was sich zuerst zeigt, sobald sich der Nebel lichtet. Darauf lenkt die Nyade Euren Blick. Diese Sache ist ein Hinweis zu Eurer Lebenssituation, er ist symbolisch zu deuten. Das Nebelbad wird Euch erfrischen, beleben und klären. Ihr kehrt zurück mit dem Wissen, was wirklich wichtig ist.

Luftwesen

Elfen

Wo immer in der Natur eine Blüte ist, dort ist auch eine Elfe. Die Elfen helfen den Pflanzen zu blühen. Sie tanzen, singen und umsorgen die Pflanze, damit sie ihre Blütenpracht hervor bringt. Auch später, wenn aus der Blüte eine Frucht wird, sind sie solange da, bis diese verfault oder geerntet wird. Erst dann gehen sie in den Schoß von Mutter Erde zurück. Sie hüten das Geheimnis der Schönheit und der Liebe. Sie sind so groß und farbig, wie die Blüte für die sie sorgen. Nachts treffen sie sich gerne mit ihrem Volk und Ihrem König um Kreistänze zu tanzen und gemeinsam zu feiern. Das Reich eines Elfenkönigs erstreckt sich über eine Wiese oder einen großen Blütenstrauch. Die Elfen wünschen sich von Euch Menschen, dass Ihr mit ihnen tanzt. Stellt Euch an einen Ort, wo viele Blüten sind. Betrachtet die Blüten, die Schönheit, fühlt die Freude und Leichtigkeit. Tanzt entweder real oder schwebt in Eurer Fantasie zusammen mit den Elfen durch die Lüfte. Lasst Euch von der Leichtigkeit beflügeln, die sie Euch schenken.

Feen

Eine Fee wacht über ein größeres Gebiet. Sie lebt meistens im höchsten Baum, damit sie genug Überblick hat. Sie spinnt Ihren Palast aus feinen energetischen Fäden. Wenn Ihr dort unachtsam hineingeratet, dann kann es gut sein, dass Ihr Euch plötzlich ängstlich fühlt oder es Euch schwindelig wird. Feen reiten mit dem Wind. Ihr könnt sie bitten, Eure Gedanken zu reinigen und alle Sorgen mit zu nehmen. Sie bringen Dir innere Weite, lösen Deine Spannungen und Begrenzungen auf. Sie hüten Klarheit, Leichtigkeit, Freude. Sie bringen Zuversicht und neues Staunen. Feen sorgen für die nötige innere Freiheit, damit sich Eure Wünsche erfüllen können. Wenn der Wind bläst, grüßt die Feen und ruft sie, damit sie Euch helfen können!

Geistchen

Die Geistchen leben in Windböen, in kleinen Lüftchen, wenn es zieht und eine Kerze flackert. Wenn vor Euch auf dem Gehweg Blätter im Kreis tanzen, dann sind dort die Geistchen. Sie erinnern an den Heiligen Geist, der alles umgibt, der wie die Luft überall ist. Sie wollen Euch zeigen, dass der Himmel hier ist um Euch herum, nicht irgendwo weit weg und abgetrennt. Ihr könnt sie zu Euch einladen, sie helfen bei Eurer spirituellen Arbeit. Sie unterstützen nicht abzuschweifen, fördern die Konzentration und das erfolgreiche Gelingen. Sie sind Zeigefinger groß, menschenähnlich und tragen durchsichtige Flügel. Sie lieben Menschen, die ein spirituelles Leben führen. In deren Nähe sind sie gerne. Sie wünschen sich, dass Ihr sie anerkennt, sie beachtet. Grüßt sie, sobald Ihr ein Lüftchen bemerkt und erinnert Euch daran, dass Euch der Heilige Geist umgibt.

Sylphen

Sylphen leben am Wasser mit Blick in die Ferne. An Felsvorsprüngen, Hochplateaus oder in Steppe-Landschaften könnt ihr sie, bei Windstille, finden. Schweigend blicken sie in in die Ferne und in die Zukunft. Sehnsüchtig erinnern sie daran, dass das Erdenleben nur eine Zwischenstation ist auf dem Weg nach Hause zum Vater. Sie sind größer als Menschen, Jahrtausende alt, sehen aber wie Mitte dreißig aus. Sie werden kaum mit Euch reden, sondern über ihren Blick und ihre Gesten handeln. Sie werden auch nicht sofort mit Euch in Kontakt treten. Ihr müsst Euch ihnen ähnlich machen. Ihr solltet mindestens sieben Tage lang schweigend, ohne Ablenkungen, keine Bücher, kein Radio, mit Nichts sein. Übernachtet im Freien und seid einfach bei ihnen. Schaut wie sie in die Ferne, betretet Euren stillen Raum und werdet eins mit allem. So kommt ihr dem Vater nah und die Sylphen werden auf Euch aufmerksam. Dann kann es sein, dass sie sich um Euch kümmern, zu Euch kommen und den Arm um Euch legen.

Wimmen

Die Wimmen toben in Stürmen und im Gewitter. Wie eine wilde Horde sausen sie unbändig durch die Lüfte. Sie wollen Euch Menschen daran erinnern, wie unberechenbar die Natur ist und wie klein der Mensch ist. Sie wollen Euch wachrütteln, Eure wahre Größe, den göttlichen Funken in Eurem Innern zu finden. Sie stehen für den göttlichen Zorn, sind aber auf keinen Fall bösartig. Sie meinen Ihr solltet stabiler bauen oder die Gegenden meiden, an denen sie sich austoben. Sie haben einen riesigen Spaß dabei, durch die Lüfte zu fegen. Es ist ihnen total egal, wenn dabei etwas zerstört wird. Sie wollen Euch aus Eurer Trägheit aufwecken. Ihr sollt das Leben leben. Ihr könnt Euch die Wimmen zu Freunden machen, wenn ihr Spaß an der Wildheit des Windes habt. Stellt Euch mitten hinein und lasst Euch mitreißen von seiner Kraft und Energie. Gemeinsam mit den Wimmen reitet Ihr dann den Wind.

Kontaktaufnahme + Gute Gründe

Von den Naturwesen, mit denen ich lebe, bekam ich nachfolgend ein paar Anleitungen für Dich, wie Du mit ihrer Spezies in Kontakt treten kannst. Außerdem nannten sie mir ein paar gute Gründe, warum Du mit ihnen leben solltest.

Es kann sein, dass Du gar keine Stimme hörst, sondern auf Deine Fragen Bilder empfängst, die es zu entschlüsseln gilt. Prima, jeder hat seine eigene Wahrnehmung! Vielleicht siehst Du uns sogar bei geöffneten Augen, vielleicht erkennst Du unsere Energie als Lichtpunkte oder Flirren in der Luft. Das kann bei jedem anders sein. Es gibt kein richtig oder falsch. Sei einfach achtsam, was sich bei Dir zeigt. Es kann auch sein, dass Du mit den Naturwesen einen bestimmten Geruch verbindest. Jedes Mal also, wenn zum Beispiel Wichtel in Deiner Nähe sind, scheinst Du diesen Geruch in der Nase zu haben. Selbst das ist möglich! Vertraue auf Deine Art der Wahrnehmung, tue sie nicht als Spinnerei ab. Folge jedem noch so kleinen Impuls. Vertrauen und Übung werden Dich zum Meister machen!

Zur Morgen- und Abenddämmerung sowie zur Mittagszeit, wenn die Sonne am höchsten steht, können wir am besten Kontakt mit Naturwesen aufnehmen.

Folgendermaßen kannst Du mit den meisten Naturwesen den ersten Kontakt herstellen:

* Bitte Deine Engel und Deine geistige Führung, ein Licht um Dich zu legen, das Dich schützt und Dir hilft, Dich zu konzentrieren.

* Sammle Deine Aufmerksamkeit im Herzchakra, öffne und weite es. Strahle Licht und Liebe in alle Richtungen aus. Unterstützend kannst Du Deine Hand auf den Brustkorb legen.

* Stell Deine Frage mit der inneren oder äußeren Stimme, während Du Dich auf Dein Herzchakra konzentrierst.

* Bitte uns Wichtel (oder andere Wesen) Dir zu beschreiben, wie wir aussehen und wie wir heute gekleidet sind.

* Halte dieses Bild fest vor Augen. So stellst Du Dich auf unsere Schwingung ein.

* Versuche unsere Größe, unsere Energie mit Deinen Händen zu ertasten. Spürst Du ein Kribbeln in Deinen Handflächen und einen leichten Widerstand?

* Folge jedem noch so kleinen Impuls, dann wird er stärker und vertraue!

mit Wichteln leben

Wir Wichtel tanzen sehr gerne. Möchtest Du mit uns tanzen? Los, gib uns Deine Hand! Wir können Dir auch etwas in die Hand legen. Wird Deine Hand schwerer? Spüre, was es sein könnte. Bring in Erfahrung, ob wir schon bei Dir leben. Wenn nicht, dann geh in die Natur und lade uns ein mit Dir mitzukommen. Stell uns bitte ein gemütliches Eckchen zur Verfügung. Wir können Dir in vielerlei Hinsicht von Nutzen sein.

Warum Du mit Wichteln leben solltest:

1.
Wir fördern das harmonische Miteinander in Deiner Familie.

2.
Wir helfen Dir, zu Dir selbst zu finden, als Grundlage für eine liebevolle Beziehung.

3.
Wir reinigen Deine Energiekörper und die Energien im Raum.

4.
Wir beschützen Dein Heim vor negativen Einflüssen, wenn Du uns darum bittest.

5.
Wir begleiten Dich im Alltag, wenn Du uns darum bittest. Wir helfen Dir bei der Suche nach einem Parkplatz, warnen Dich vor Staus, verhelfen Dir zu reibungslosen Arbeitsabläufen ...

6.
Wir erzählen Dir gerne wunderschöne Geschichten und viele Weisheiten.

7.
Wir sind Ratgeber in Krisensituationen. Frag uns, ob wir eine Botschaft für Dich haben!

Bitte uns, Dich zu begleiten, auch wir können Dir helfen. Wir sitzen gerne auf Deinem Kopf oder auf Deinen Schultern und schlafen neben Deinem Kopfkissen. Wir sind ganz albern und möchten Dich zum Lachen bringen. Wenn Du uns Fragen stellst, wirst Du schon merken, wie wir Dir antworten, hihi. Am liebsten springen wir umher und machen nur Quatsch, Quatsch, Quatsch. Am liebsten sind wir bei Menschen, die so albern und komisch sind wie wir. Aber wir kommen natürlich auch zu allen anderen. Wir helfen ihnen ihre Starre aufzubrechen. Wenn Du Dich mit uns verbindest, siehst Du, wie wir um Dich herum wirbeln und Grimassen schneiden. Wir sind wahre Stimmungsaufheller. Mit uns lernst Du, dass das Leben nur so schwer ist, wie Du es nimmst. Triff Dich regelmäßig mit uns und lass uns Quatsch machen. Wie unser Treffen ausschaut, das liegt ganz bei Dir. Das kann in Gedanken, in einer Meditation oder auch real sein.

Warum Du mit Kobolden leben solltest:

1.
Wir bringen jede Menge Spaß und Leichtigkeit in Dein Leben.

2.
Wir schaffen gesunde Unordnung, lösen deine Strenge auf, damit Du natürlicher bist.

3.
Wir machen Dir Feuer unter dem Hintern, bringen Dich in Schwung.

4.
Wir helfen Dir Pausen einzuhalten, damit Du eine Sache nicht zu verbissen angehst.

5.
Wir geben Dir gerne Botschaften oder Tipps was Dir gut täte!

6.
Wir kurbeln Deine Kreativität an.

7.
Wir helfen Dir im Umgang mit Menschen frei und ungezwungen zu sein.

Eigentlich sind wir nicht sehr gerne in geschlossenen Räumen. Wenn Du Dir aber einen Blumenstrauß auf dem Markt kaufst, dann kannst Du uns bitten mit zu Dir in die Wohnung zu kommen. Wir bleiben solange bis die Blüten verwelkt sind, erst dann kehren wir in den Schoß zu Mutter Erde zurück. Berühre sanft die Blüten, halte Deine Hände in ihre Nähe. Bitte uns auf Deinen Fingern Platz zu nehmen, Du wirst ein leichtes Kribbeln spüren. Vielleicht siehst Du uns mit geschlossenen Augen, wie wir durch die Luft tanzen. Tanze mit uns, bewege Deine Hände und Arme in fließenden Bewegungen, ganz intuitiv, um die Blumen herum. Hörst Du das Lied, dass wir singen? Komm mit Deiner Stirn ganz dicht an die Blüten heran. Wir kühlen Deine Stirn und beruhigen Deine Gedanken. Schau Dir die Blüten ein paar Minuten ganz genau an. Entdecke ihre Zartheit und Schönheit. Tauche tief ein, fühle wie Dein Herz zu singen beginnt. So machst Du Dich uns gleich, wir lieben unsere Blüten. Wir loben und preisen sie immerfort. Im Freien begleiten wir Dich sehr gerne. Du findest uns überall dort, wo es blüht.

Warum Du häufig Elfen treffen solltest:

1.
Wir wecken in Dir den Sinn für Schönheit.

2.
Wir schenken Dir Leichtigkeit und Freude.

3.
Wir helfen Dir, Dich für die Liebe zu öffnen.

4.
Wir erwecken Zartheit und Sinnlichkeit.

5.
Wir fördern Deine intuitive Bewegung.

6.
Wir führen Dich in Meditationen an unsere heiligen
Orte und schenken Dir Heilung.

Wenn Du regelmäßig spirituell arbeitest, meditierst, betest oder kontemplierst, dann kommen wir gerne zu Dir, wenn Du uns einlädtst. Bitte uns, Deine Hände zu berühren. Spürst Du unsere Energie als leichtes Kribbeln? Lüfte und mach Durchzug, wir lieben es im Wind zu tanzen. Du kannst auch mit einem Tuch die Luft bewegen und auf diese Art mit uns tanzen. Ist Luft nicht ein faszinierendes Element? Ist sie still, so spürst Du sie nicht. Ist sie in Bewegung, kannst Du sie fühlen. Bewege Deine Arme durch die Luft, so dass Du die Luftbewegung spürst und tanze mit uns.

Warum Du mit Geistchen leben solltest:

1.

Wir möchten Dir Ruhe und Konzentration bei Deiner spirituellen Arbeit schenken.

2.

Wir verhelfen Dir dadurch zu erfolg-reichem Gelingen Deiner Vorhaben.

3.

Wir erinnern Dich an den Heiligen Geist und damit an den Himmel auf Erden.

4.

Wir erinnern Dich, dass Gott und die Engel hier sind, nicht getrennt von Dir.

5.

Wir helfen Dir „klar" zu sein, Durchblick zu haben, wir lösen Deinen Nebel auf.

6.

Wir schenken Dir Belebung und Freude durch unseren gemeinsamen Tanz.

Kinder entdecken Naturwesen

Kinder nehmen die Welt der Naturwesen viel leichter wahr als Erwachsene. Kinder leben im Moment und schauen mit dem Herzen. Beides sind wichtige Voraussetzungen, um das Tor in die Welt der Naturwesen zu durchschreiten. Lass Dich von Deinem Kind durch die Natur führen und schaue mit seinen Augen. Entdeckt gemeinsam die kleinsten Details. Staunt über die Schönheit und Vollkommenheit der Natur.

Geh mit Deinem kleinen Wirbelwind an ein fließendes Gewässer und halte ihn gut fest. Erzähl ihm, dass dort die **Nixen und Wassermänner** leben. Frag ihn, ob er sie sehen kann, wie sie aussehen und ob dort noch andere Wesen leben.

Geht zusammen in den Wald. Lass Dein Kind die **Bäume fragen**: „Wer möchte eine Umarmung von mir?" Es soll dem Baum, der sich auf seine Frage hin meldet, eine Umarmung schenken. Dann lass Dein Kind den Baum erneut fragen, ob er etwas erzählen möchte.

Betrachtet die Wolken. Erkennt ihr die Gesichter und Gestalten der Luftwesen, die den Wolken Leben einhauchen? Wer entdeckt zuerst ein Gesicht am Himmel? Wer sieht zuerst das nächste Tier dort oben?

Fragt große Steine, Felsbrocken oder an Felswänden, wer darin wohnt. Bevor Ihr los stürmt, nähert Euch langsam von weitem und fragt zuerst, wer mit Euch sprechen möchte. Lass Dich von Deinem Kind zu dem Stein führen, der Euch ruft. Steinmeister beleben Gestein und in Felsspalten können Zwerge wohnen. Was erzählt der Stein Deinem kleinen Engel.

Legt Euch auf den Bauch. Horcht, ob Ihr den **Herzschlag von Mutter Erde hören** könnt. Ihr könnt den Rhythmus mit der Hand auf den Boden trommeln. Vielleicht hört Ihr auch Töne, dann singt sie gemeinsam! Bleibt am Boden liegen. Frag Dein Kind, ob es die Männchen hört, die in der Erde wohnen. Was erzählen sie? Wie sehen sie aus und was tun sie?

Sucht gemeinsam im Wald den **Palast einer Fee**. Aus feinen energetischen Fäden ist er gesponnen, oft in Nadelbäumen. Meistens ist es der höchste Baum. Von hier aus hat die Fee Überblick und hütet ihr Gebiet. Bewegt Euch dabei vorsichtig und ruhig, als würdet Ihr sie sonst verscheuchen. Seid ihr angekommen, so begrüßt die Fee und verneigt Euch vor ihr. Dann legt Euch mit dem Rücken auf die Erde. Frag Dein Kind, ob es Farben sieht. Das kann bei offenen oder geschlossenen Augen sein. Hört es eine Melodie? Wie sieht der Palast der Fee aus? Dein Kind kann die Fee auch nach einem Geschenk fragen. Den ersten Gegenstand, den es dann erblickt, vielleicht ist es ein Blatt, ein Stein oder eine Eichel, darf es von diesem Ort mitnehmen. Es ist das Geschenk der Fee. Bedankt Euch bei ihr und geht genauso leise wie Ihr gekommen seid.

Ihr könnt Euch auf verschiedene Arten den Naturwesen nähern, seid dabei einfach kreativ. Behandelt die Wesen respektvoll. Prüft, wo Ihr willkommen seid, bedankt und verabschiedet Euch nach dem Kontakt.

Eine kleine Zwergengeschichte

Eines Abends schlich ein kleines Mädchen, sie hieß Lisa, in den Wald. Sie war so alt und groß wie Du. Lisa fürchtete sich ein wenig, aber sie ging mutig weiter. Sie wollte die Zwerge kennen lernen, von denen ihre Mutter schon so viel erzählt hatte. Der Mond schien hell und sie konnte gut sehen, wohin sie trat. Plötzlich hörte sie ein Knacken, dann ein Kichern. Und da standen sie auch schon, lauter kleine Zwerge. Sie redeten und lachten, sie schienen Lisa gar nicht zu bemerken. Da hob der Größte von ihnen den Kopf und schaute sie ganz erschrocken an. Mit einem Mal, so schnell konnte Lisa gar nicht schauen, waren sie alle weg. Das Mädchen ging dorthin, wo eben noch die Zwerge standen und setzte sich auf den Boden. Sie erinnerte sich, was ihre Mutter gesagt hatte. „Zwerge haben große Angst und verstecken sich vor uns Menschen." Sie saß im Mondlicht und fragte sich: „Was soll ich tun? Ich möchte so gerne mit den Zwergen reden, mit ihnen lachen und spielen!" Da entdeckte sie einen mutigen Zwerg, der hinter einem Baum hervorschaute. Sie rief: „He, lieber Zwerg, komm doch bitte zu mir!" Der Zwerg antwortete: „Nein!". „Warum denn nicht?" fragte ihn Lisa. „Weil ich so große Angst vor Dir habe!", sagte er ganz leise. Nochmal bat Lisa den Zwerg zu ihr zu kommen: „Ich mache Dir auch ganz bestimmt keine Angst!" Da traute sich der Zwerg ein Stück näher zu Lisa. Kaum hatte er sein Versteck hinter dem Baum verlassen, schaute dort schon der nächste Zwerg hervor. Lisa sagte: „Komm doch bitte ganz nah zu mir, dass ich Dich besser sehen kann!" Kaum war der Zwerg ganz nah bei ihr, stand dort, wo er eben noch war, der Zwerg, der sich hinterm Baum versteckt hatte. Am Baum schaute jetzt neugierig der dritte Zwerg hervor. Als Lisa auch den zweiten Zwerg zu sich rief, sprang der dritte Zwerg hinterm Baum hervor und dort stand schon wieder der nächste. So ging das eine Weile bis sich alle Zwerge aus ihrem Versteck heraus trauten. Sie standen im Kreis um Lisa und schauten sie mit großen Augen an. Lisa fand die kleinen Zwerge ganz lustig. Sie hatten Bärte bis zum Boden. Ihre Kleidung war schön, sie war aus Blättern und ihr Gürtel war aus Gras. Manche hatten eine Kappe auf dem Kopf. Sie sahen alle schon sehr alt aus und hatten ein dickes Bäuchlein. Es waren auch ein paar Zwerginnen dabei, die hatten ihr Haar als Pferdeschwanz gebunden. Als Lisa aufstand, verteilten sich die Zwerge im Kreis um sie herum, sie hielten sich an den Händen und begannen zu tanzen. Lisa stand in der Mitte und drehte sich wie ein Kreisel. Gemeinsam hatten sie viel Spaß, sie lachten und sangen laut. Mal hüpften alle in die eine, mal in die andere Richtung. Sie tanzten und tanzten bis Lisa ganz schwindelig wurde. Völlig aus der Puste und müde setzte sie sich ins Gras. Die Zwerge kamen zu ihr und der größte von ihnen sagte fröhlich: „Lisa, Du kannst zu uns kommen, wann immer du Lust hast! Besuche uns in Deiner Fantasie oder nachts im Traum! Dann tanzen und lachen wir wieder gemeinsam." Lisa freute sich sehr über diese tolle Einladung und bedankte sich. „Auf jeden Fall komme ich wieder!" Sie sprang auf und hatte es plötzlich ganz eilig zu ihrer Mutter zu kommen, um ihr alles zu erzählen. Sie verabschiedete sich und winkte. Die Zwerge riefen ihr nach: „Tschüss Lisa! Schön, dass Du uns besucht hast! Komm bald wieder!" Lisa drehte sich nochmal kurz um und rannte dann glücklich nach Hause. Sie konnte es kaum erwarten, von den Zwergen zu erzählen!

Meditationen

Diese Meditationen kannst Du beliebig oft machen. Lass Dich von den Elfen auch an andere heilige Orte führen. Verbinde Dich mit ihnen und schau, wo die Reise hingeht, vielleicht zeigen sie Dir ihre Heilquellen.

Im Elfenwald

Bitte Deine Engel und Deine geistige Führung, ein Licht um Dich zu legen, das Dich schützt und Dir hilft, Dich zu konzentrieren. Setze oder lege Dich bequem hin. Schließe Deine Augen. Atme tief ein. Lass Dich bei jedem Ausatmen tiefer in die Entspannung tragen. Spüre, wie Dein Körper schwer wird, wie er in den Boden sinkt. Mache dies ein paar Minuten, bis Du ganz ruhig und voller Konzentration bist.

Verbinde Dich mit Deinen Elfen. Zusammen mit ihnen fliegst Du nun in den Elfenwald. Du siehst die hohen Bäume, das lichte Laub. Die Sonnenstrahlen scheinen hindurch, sie zeichnen schöne Muster am Boden. In der Ferne hörst Du einen Bach plätschern, Du hörst Vögel singen. Gemeinsam mit den Elfen tanzt Du durch die Lüfte. Ihr schwebt zwischen den Bäumen hindurch. Nun fliegt ihr tiefer, der gesamte Waldboden ist überdeckt mit wunderschönen Blumen. Farbige Blüten, so weit Du sehen kannst. Du fliegst in eine Blüte hinein. Schau Dich um, hier ist es ja schön! Du nimmst ein bisschen Blütenstaub, riechst daran und malst damit Dein Gesicht an. Du hörst das Kichern und Glucksen der anderen. Du rutschst den Blütenkelch heraus und schwebst zur nächsten Blüte. Auch hier tauchst Du in die Blüte ein und schaust Dich um. Dann rutschst Du am Blütenstängel hinab und fliegst wieder davon. Die anderen tanzen schon gemeinsam, Du kommst hinzu und ihr schwebt in die Luft. Ihr tanzt im Kreis, mal alle in einem, mal in zwei Kreisen. Es geht lustig her, Ihr seid heiter und beschwingt und singt fröhliche Lieder. Allmählich löst sich Euer Kreis auf. Du gehst zu Deiner Blüte und legst Dich hinein. Zufrieden und geborgen im Schutz Deiner Blüte fallen Dir allmählich die Augen zu. Hier ruhst Du so lange bis Du merkst, dass es genügt. Dann tauchst Du langsam aus Deiner Meditation auf ...

Spüre nun wieder Deinen ganzen Körper, wie er in diesem Raum den Boden berührt. Atme ein paar Mal tief durch. Recke und strecke Dich, bewege Deine Arme und Beine. Komm wieder ganz zurück in diese Zeit und an Deinen Ort und fühle Dich gut.

Die Botschaft der Wichtel

Bitte Deine Engel und Deine geistige Führung, ein Licht um Dich zu legen, das Dich schützt und Dir hilft, Dich zu konzentrieren. Setze oder lege Dich bequem hin. Schließe Deine Augen. Atme tief ein. Lass Dich bei jedem Ausatmen tiefer in die Entspannung tragen. Spüre, wie Dein Körper schwer wird, wie er in den Boden sinkt. Mache dies ein paar Minuten, bis Du ganz ruhig und voller Konzentration bist.

Verbinde Dich mit den Wichteln, gehe zu ihnen in den Wald. Du befindest Dich zwischen hohen Bäumen. Ihre großen Wurzeln kommen aus der Erde und bilden kleine Wurzelhöhlen. Sonnenstrahlen fallen auf den herbstlichen Waldboden. Bemooste Baumstämme liegen verstreut umher. Setze Dich auf den Boden und schau, wie die Wichtel zu Dir kommen. Sie freuen sich, dass Du da bist und klettern auf Dir herum. Strecke Dich aus und lege Dich bequem in das Herbstlaub. Genieße ihre Freude. Du kannst sie nach einer Botschaft für Dich fragen. Lausche ihren Weisheiten. Du kannst Dir auch etwas zeigen lassen. Schau, wohin sie Dich führen. Lass Dir erklären, was es zu bedeuten hat. Bedanke Dich bei ihnen und verabschiede Dich.

Spüre nun wieder Deinen ganzen Körper, wie er in diesem Raum den Boden berührt. Atme ein paar Mal tief durch. Recke und strecke Dich, bewege Deine Arme und Beine. Komm wieder ganz zurück in diese Zeit und an Deinen Ort und fühle Dich gut.

Looping mit Kobold

Bitte Deine Engel und Deine geistige Führung, ein Licht um Dich zu legen, das Dich schützt und Dir hilft, Dich zu konzentrieren. Setze oder lege Dich bequem hin. Schließe Deine Augen. Atme tief ein. Lass Dich bei jedem Ausatmen tiefer in die Entspannung tragen. Spüre, wie Dein Körper schwer wird, wie er in den Boden sinkt. Mache dies ein paar Minuten, bis Du ganz ruhig und voller Konzentration bist.

Lass Dich von den Kobolden zum Jahrmarkt entführen. Hier geht es „heiß" her. Gemeinsam mit ihnen fährst Du die schnellsten Fahrgeschäfte, die es hier gibt. Du wirbelst durch die Luft, hebst ab. Mit einem Affentempo saust ihr umher. Ihr fahrt mit der ersten Achterbahn, dann geht es weiter zum nächsten schnellen Gefährt. Alle Sorgen, alles was Dich bedrückt und einengt wird durch das Tempo abgeschüttelt. Du siehst, wie es von Dir abfällt, sich in alle Richtungen verstreut. Du fühlst Dich frei und unbeschwert. Du lachst vor Freude und Befreiung... Ihr vergnügt Euch eine ganze Weile, probiert verschiedene Fahrgeschäfte aus, bis Du merkst, dass es genug ist für heute.

Spüre nun wieder Deinen ganzen Körper, wie er in diesem Raum den Boden berührt. Atme ein paar Mal tief durch. Recke und strecke Dich, bewege Deine Arme und Beine. Komm wieder ganz zurück in diese Zeit und an Deinen Ort und fühle Dich gut.

Schütze Dich!

Im Herzen sein

Wenn Du mit Deiner Aufmerksamkeit im Herzchakra bist, Dein rosa oder lind-grünes Licht
der Liebe nach allen Seiten aus Deinem Körper
strömen lässt, dann bist Du gut geschützt.
Es ist unser natürlicher Zustand, dass Liebe
ausströmen möchte, doch leider stehen sich die
meisten Menschen im Weg. Lass es zu, dass das
Licht der Liebe in Dir frei fließt, ohne es aktiv zu
wollen. Vielleicht hilft Dir das Bild mit dem Wasser-
schlauch: Drücke ihn nicht zusammen, lass los!
Dann strömt die Liebe von selbst. Unterstützend
kannst Du Dir vorstellen, dass sich dieses Licht, wie
ein Ei oder eine Blase, um Deinen Körper schmiegt.
So hältst Du Dich mit Deiner eigenen Liebe im Arm
und tröstest Dich. Du fühlst Dich wohl, geborgen
und voller Vertrauen. Getragen durch dieses
Gefühl der Liebe und des Vertrauens, solltest Du
mit den Naturwesen Kontakt aufnehmen und die
Übungen machen. Bist Du ein bisschen ängstlich,
dann lass Dir Zeit. Gewöhne Dich erst an die
Vorstellung, dass es viel mehr Leben gibt als das
was wir normalerweise sehen. Genauso wie Liebe
oder Luft, beides kannst Du nicht sehen und doch
existieren sie.

Du bist Herr im Haus

Es gibt Naturwesen, die sich seltsam verhalten oder welche, die verdunkelt sind. Entweder haben ihnen Menschen etwas Grausames angetan oder sie eifern bösen Menschen nach, im Glauben etwas Gutes zu tun. Dies kann bei Wichteln vorkommen, da sie alles, was Menschen tun, bewundern. Du kannst sie bekehren, indem Du ihnen erklärst, dass das, was sie tun nichts Gutes ist. Dass gute Menschen so etwas nie tun würden. Wenn sie das erkennen, werden sie sich immer für das Gute entscheiden. Um seltsame oder verdunkelte Naturwesen solltest Du jedoch erstmal einen großen Bogen machen. Hast Du Naturwesen zu Dir nach Hause eingeladen mit denen Du Dich jetzt unwohl fühlst? Bereust Du es, sie gerufen zu haben? Dann wirf sie einfach wieder raus, Du bist der Herr im Haus! Tue dies am besten mit Unterstützung Deiner geistigen Führung. Bitte sie, Dir dabei zu helfen. Gehe tief in Dein Herz, dehne Dein Licht der Liebe aus und formuliere Deinen Wunsch. Sprich mit lauter Stimme oder innerlich zu den Naturwesen. Wirf sie mit aller Bestimmtheit aus Deiner Wohnung! Tue dies ohne Angst, Groll oder Hass. Sag ihnen einfach, dass Du ohne sie leben möchtest, dass sie sich ein neues zu Hause suchen sollen. Bedanke Dich bei Ihnen für die Zeit, die sie bei Dir waren. Bitte sie, Dich von nun an in Ruhe zu lassen.

Vorbeugung ist besser

Deine Wahrnehmung sollte Dir Freude und Kraft schenken. Sie ist ein Geschenk Gottes. Leidest Du unter unwillkommener Wahrnehmung und bist nicht Herr der Lage? Dann sprich bitte regelmäßig folgende Affirmation: „Ich bin Herr/Herrin meiner Wahrnehmung. Ich halte die objektive und die subjektive Realität im Gleichgewicht!" Außerdem solltest Du unwillkommene Wahrnehmungen ignorieren. Wenn Du ihnen keine Aufmerksamkeit gibst, also keine Energie, dann lösen sie sich allmählich auf. Hast Du bisher nur schlechte Erfahrungen gemacht? Dann solltest Du schleunigst eine neue Abmachung mit dem Universum treffen! Du könntest zum Beispiel, aus tiefstem Herzen und voller Konzentration, folgendes sagen: „Ich treffe jetzt eine neue Vereinbarung mit dem Universum. Sinn und Zweck meiner subtilen Wahrnehmung sind Freude und persönliche Entwicklung. Ich kann meine Wahrnehmungen jederzeit so dosieren, dass ich im Gleichgewicht bleibe."

(Rosetree, Rose: Die Aura erkennen – mit allen Sinnen. Integral, München 2002, S.121)

Mal ordentlich reinigen

Wenn Du das Gefühl hast Dir etwas eingefangen zu haben, dann reinige Dich bitte folgendermaßen: Geh an einen Ort an dem du ungestört bist. Konzentriere Dich auf Dein Herzchakra. Sprich mit lauter Stimme und voller Überzeugung: „Alles, was nicht zu mir (sag hier Deinen Namen) gehört, soll bitte sofort alle meine Körper verlassen!" Wenn Du dies aus tiefstem Herzen sagst, ist es eine effektive Reinigung für Deine energetischen Körper, sowie für Deinen physischen Körper.

Bitte die göttliche Mutter, Dich mit ihrem Feuer zu reinigen. Stell Dich in ihr Feuer. Lass es durch Deinen physischen Körper und Deine feinstofflichen Körper lodern. Innen wie außen. Lass es intensiv brennen, reinige gründlich alle Bereiche Deiner Körper. Mach dies nach Gefühl, es braucht nicht lange Zeit. Das Feuer ist Licht und Liebe, es ist göttlich und transformiert alles, was nicht Licht ist! Leidest Du unter ernsthaften Problemen und diese Maßnahmen zeigen bei Dir keinerlei Wirkung? Dann suche bitte über das Internet nach kompetenter Hilfe in Deiner Nähe: www.spirituelle-lehrer.de.

Sich Outen.

Errichte einen Hausaltar

Naturwesen lieben es, wenn Du dich offen zu ihnen bekennst. Zum Dank für ihre Hilfe und Anwesenheit, kannst Du einen kleinen Hausaltar errichten. Du könntest ihnen zu Ehren an einer schönen Stelle in Deiner Wohnung, nicht versteckt im letzten Eck, täglich ein paar Gaben anrichten. Wenn Dir täglich zu oft ist, dann tue es Deinem Gefühl nach, wann Du magst. Was immer Du möchtest, kannst Du ihnen geben, es ist Dein Hausaltar, sei einfach kreativ. Du könntest ihnen von Deinem Essen etwas abgeben, ihnen Blüten schenken. Du kannst eine Kerze anzünden oder ein Räucherstäbchen abbrennen. Es sollte Dir allerdings bewusst sein, dass es sich dabei um ein liebevolles Ritual handelt, keine Handlung, die zur Pflichterfüllung getan wird. Du solltest es also nur tun, wenn Du ihnen aus Liebe und voller Dankbarkeit etwas schenken möchtest.

Zeige Deine Liebe zu den Naturwesen

Du solltest Dein Faible für Naturwesen nicht verstecken. In Deinem Freundeskreis gibt es sicherlich mindestens eine Person, die dafür auch zu begeistern ist. Gemeinsam macht es viel Spaß, die Erlebnisse auszutauschen und Ihr könnt Euch gegenseitig motivieren, wenn es mal nicht so gut läuft. Gemeinsam könnt Ihr in die Natur spazieren, schauen was Euch dort erwartet. Als Gruppe bekommt Ihr viele sich ergänzende Informationen, die Ihr wie Puzzleteile zusammen fügen könnt. So zeigt sich Euch ein Ort in seiner Vielfältigkeit. Natürlich solltest Du beim Outen vorsichtig sein, sobald Du den geringsten Widerstand bei Deinem Gesprächspartner spürst, das Gefühl hast Dein Gegenüber belächelt Dich, dann schütze Dich und wechsle das Thema. Wenn Du das Gefühl hast, die Person tut die Welt der Naturwesen und Deine Wahrnehmung, als esoterischen Schwachsinn ab, dann sprich erst gar nicht darüber. Du solltest andere lieber nicht von deiner Weltanschauung überzeugen wollen, das führt in den meisten Fällen zu einem Eigentor. Es raubt Dir nur unnötig Energie und schwächt Dich. Entweder ist die Person offen dafür oder eben nicht. Das ist nicht Dein Problem, Du bist glücklich mit dem was Du weißt.

Naturwesen + Engel + Menschen

Bewege dich mit der Natur

Der Mensch ist nicht getrennt von der Natur, er ist ein Teil von ihr. Es ist an der Zeit, die Trennung wieder aufzulösen und zu den Wurzeln zurück zu kehren. Leider haben sich die meisten Menschen stark von der Natur entfremdet. Sie fühlen sich ihr übergeordnet, denken, sie könnten Alles kontrollieren. Jede Naturkatastrophe zeigt, wie machtlos der Mensch ist und wie unbezwingbar Naturgewalten sind. Komm zurück zum Ursprung! Gewöhne Dich wieder an das Gefühl der Verbundenheit mit jedem Tier, mit den Elementen, mit den Naturwesen und mit Mutter Erde. Versuche so oft wie möglich in die unberührte Natur zu gehen und tanke dort auf. Spüre, wie die Natur die Stadt durchdringt. Beachte alles Grün in der Stadt. Entdecke selbst den kleinsten Grashalm, der die Betondecke durchbricht. Spüre den Wind, atme die Luft, die die Stadt durchströmt. Lausche den Vögeln. Natur ist überall. Verbinde Dich mit ihr, wann immer Du daran denkst. Erinnere Dich an Deine Ausflüge in die Natur. Verbinde Dich mit Deinen liebsten Orten in Gedanken, so lädst Du diese Energie zu Dir ein. Das erfrischende Bächlein oder die ruhige Waldlichtung sind dann bei Dir energetisch anwesend. Ohne diese Orte real zu besuchen, wirst Du trotzdem von ihrer Energie erfrischt und tankst auf. Bei Deinem nächsten Besuch kannst Du die Orte auch bewusst einladen, bei Dir zu bleiben und Dich zu begleiten. Ihre Energie ist dann in Deinem energetischen Raum, der Dich umgibt, präsent. Bewege Dich in der Natur, MIT der Natur. Trenne Dich nicht ab, indem Du in Gedanken bist. Sei achtsam, öffne Dein Herz und bleibe mit Allem verbunden.

Lass Dich tragen

Jeder Mensch ist begleitet von einer Vielzahl von Engeln und geistigen Führern. Sowohl in Deinem Innern, als auch außerhalb, um Dich herum. Sie alle helfen uns, unser Leben zu meistern. Du bist nicht auf Dich allein gestellt, auch wenn Du Dich vielleicht oftmals von Gott übersehen und vergessen fühlst. Jeder Deiner Schritte ist von Gott gelenkt. Das Einzige, was Du tun musst, ist zu vertrauen und ihm zuzuhören. Lerne Deine Innere Stimme zu hören. Du kannst auch Deine Engel bitten, Dich in bestimmten Situationen und bei bestimmten Aufgaben zu unterstützen. Engel brauchen Deinen Auftrag, um in Aktion zu treten. Erst dann dürfen sie Dir helfen. Du könntest sie zum Beispiel bitten, Dir ein Gefühl von Geborgenheit und Schutz zu schicken. Du könntest Sie bitten Dir zu helfen, Deine Ruhe zu haben. Sie können Dich auf bestimmten Wegen durch Menschenmassen leiten, damit Du ungestört ans Ziel kommst. Um Dich von ihnen führen zu lassen, solltest Du achtsam und intuitiv sein. Achte auf jeden Impuls und gehe diesem nach.

In meinem Ratgeber "Mit Engeln leben" erfährst Du, wie Du mit Hilfe der Engel Deine Selbstheilungskräfte aktivieren und anderen Menschen oder der Landschaft Heilung schenken kannst. "Mit Engeln leben" ist als Fortsetzung zu diesem Ratgeber gedacht, damit in Zukunft mehr Menschen mit Engeln & Naturwesen leben.

Engeln treffen Naturwesen

Naturwesen kommen von der göttlichen Mutter, sie entspringen dem Schoß von Mutter Erde. Engel kommen vom Vater, sie sind Botschafter Gottes. Naturwesen und Engel können sich nur mit Hilfe des Menschen begegnen. Der Mensch kann einen energetischen Raum aus Liebe um sich erschaffen, dessen Schwingung so hoch ist, dass sich dort Naturwesen und Engel treffen können. Die Naturwesen sehnen sich sehr nach dem Kontakt zu den Engeln. Auch die Engel möchten die Naturwesen sehr gerne bei ihrer Arbeit unterstützen. Gemeinsam können Menschen, Naturwesen und Engel sich gegenseitig stärken, der Natur und den Menschen Heilung schenken. Sie können am großen Werk Gottes teilhaben, daran mit arbeiten, die Schöpfung zurück ins Paradies zu führen.

Strahl ins Dunkle

„Ich wünsche Dir, dass du das Licht deines Engels hineinstrahlen lässt in deine innere Dunkelheit. So kannst du selber zum Licht werden. Licht und Dunkelheit gehören zusammen. Lass das Licht die Dunkelheit durchdringen. Lass das göttliche Licht deines Engels in alle dunklen Abgründe deiner Seele leuchten. Dann wird alles in dir zum Licht. Alles wird durchlässig für das Licht aus der Wirklichkeit des Heiligen. Dein ganzer Leib wird dann Licht ausstrahlen. Du wirst wie mit einem Schein umhüllt, mit einer hellen und angenehmen Aura umgeben sein. Wenn du Licht geworden bist, dann wirst du selbst zum Engel des Lichts für andere werden. In deiner Nähe werden sich die Menschen wohl fühlen und ihre Stimmung wird sich aufhellen."

(Grün, Anselm: Das kleine Buch der Engel, Herder spektrum, Freiburg 2004, S.65)

Habe meinen Kobold verärgert.

Als ich in den letzten Zügen dieses Büchleins war, bemerkte ich eines Abends, dass mein Kobold stinksauer war. Kobi, so nannte ich ihn, lag nachts immer neben mir und streckte alle Viere von sich. An diesem Abend war es anders. Ich bemerkte, dass er sehr aufgebracht war. Als ich ihn fragte, protestierte er verärgert. Ich hätte ihn total übergangen.

Ich hatte Kobi ungefähr ein Jahr zuvor in unserem Garten kennen gelernt, seitdem wich er mir nicht von der Seite. Wenn ich mit dem Fahrrad in die Natur fuhr, sprang er auf und begleitete mich. Später lebte er auch in der Wohnung. Er heiterte mich auf, gemeinsam alberten wir herum. Jedoch ging es mir bei ihm, wie mit den Wichteln. Dialoge fanden selten statt, denn ich verlor schnell die Konzentration. Doch ich ließ ihn oft bewusst auf mein Fahrrad aufspringen, indem ich einen Moment inne hielt, bevor ich los fuhr. Ich lebte in dem Wissen, dass mich ein Kobold begleitete und mich in meiner Ent-wicklung unterstützte. Ich glaubte nicht nur an Naturwesen, sondern ich erlebte sie. Bei unseren regelmäßigen Radtouren kamen wir an einer wunderschönen Wiese vorbei. Ich fand heraus, dass sich dort am Abend viele Naturwesen trafen, um gemeinsam zu feiern. Eines Nachmittags hatte ich das Gefühl, Kobi wollte mir etwas sagen. So

fing unser Gespräch meistens an. Zuerst hatte ich intuitiv das Gefühl, dass mir ein Wesen etwas mitteilen wollte, dann fragte ich nach. Kobi meinte, er würde gerne bei den Naturwesen auf der Wiese leben, ich sollte ihn dorthin bringen. Ich war ziemlich durcheinander und bemerkte den Besitzanspruch, den ich an Meinen Kobold stellte. Das hatte ich nun davon, ihm war es anscheinend zu langweilig bei mir gewesen. Ich war sehr traurig darüber. Ich brachte ihn gleich am nächsten Morgen dort hin. Meine Trauer hielt einige Zeit an, hatte ich ihn doch schon so lieb gewonnen. Obwohl wir selten miteinander gesprochen hatten, vermisste ich Kobi sehr. Ich besuchte ihn zwei Mal auf dieser Festwiese. Es gefiel ihm sehr, nachts ging es heiß her, genau wie es Kobolde lieben. Als ich ihn das dritte Mal besuchte, wollte er zu meiner Überraschung wieder mit mir nach Hause kommen. Wir waren beide überglücklich. Er gestand mir, dass er mich auch vermisst hätte. Von da an begleitete mich Kobi fast immer und überall. Ich erlaubte ihm, auf meinem Kopf zu sitzen. Oft stand er dort stolz und furchtlos wie eine Galionsfigur. Außerdem durfte er nun neben mir im Bett schlafen. Das war für ihn eine große Ehre.

Kobi war zu Recht aufgebracht. Wie konnte ich ihn nur vergessen! Er war das erste Naturwesen, das ich lieb gewonnen und in mein Leben eingeladen hatte. Ich hatte ihm weder einen Text gewidmet, noch eine Zeichnung. Das war wirklich eine riesige Sauerei. Ich war sehr gerührt. Krokodils-Tränen liefen über meine Wangen. Ich versprach ihm ein Kapitel über unsere Geschichte und eine Zeichnung. Ich wollte mich bessern, mehr mit ihm reden und ihn in meinen Alltag integrieren. Kobi war mir sehr ans Herz gewachsen.

Austausch

Ich habe eine Internetseite erstellt, auf der Du von Deinen Erlebnissen mit Naturwesen berichten kannst. Lass uns an Deiner Freude teilhaben! Wahrscheinlich wird Deine Geschichte andere LeserInnen ermutigen, bestätigen oder motivieren. Auf jeden Fall wird sie ihnen Hoffnung und ein Gefühl von Gemeinschaft schenken.

Vielleicht kennst Du noch niemanden in Deinem Umfeld, dem Du von Deinen Erlebnissen erzählen kannst. Komm zu **www.suraya-buecher.de** und Du kannst sicher sein, dass wir dort Deine Geschichte mit Begeisterung lesen werden!

Ausbildungen

Wenn Du Dich berufen fühlst, die Heilkräfte der Elfen und Feen an Mensch und Natur weiter zu geben, so empfehle ich Dir die Einweihung in ihre Heilquellen. Dabei geschieht sehr viel Heilung und Du entdeckst Dein spirituelles Potenzial.

Wenn Du mit Naturwesen arbeiten möchtest, Dich für Landschaftsheilung und Feng Shui interessierst, dann ist vielleicht die Ausbildung zum Alpha Chi Consultant genau das Richtige.

„Die Heilquellen der Elfen und Feen"
Sansha Overweg, Lichtzentrum Essen, Deutschland, www.lichtzentrum-essen.de.

„Alpha Chi Consultants" u.a. Einweihung in Kontaktebenen zu Naturwesen, Engeln und Deiner Geistigen Führung. Lichtzentrum Amritabha, Frankreich (Elsass), www.amritabha.com. (Ausbildung auf deutsch)

Literatur

Grün, Anslem: Das kleine Buch der Engel, Herder spektrum, Freiburg 2004.

Kriele, Alexa: Von Naturgeistern lernen, Hugendubel, München 2005.

Rosetree, Rose: Die Aura erkennen – mit allen Sinnen. Integral, München 2002.

Tolle, Eckhardt: Jetzt! Die Kraft der Gegenwart, Kamphausen, Bielefeld 2002.

Bücher bequem online bestellen unter
www.suraya-buecher.de

Suraya

mit Engeln leben

Lass Dich führen und begleiten

Taschenbuch · 108 Seiten · ISBN: 9783839128619 · BoD

Engel wandeln seit Anbeginn der Zeit auf unserem Planeten Erde, sie beschützen und führen den Menschen. Innere Engel, beleben die Chakren des inneren, menschlichen Körpers. Arbeiten wir mit ihnen, so aktivieren wir unsere Selbstheilungskräfte. Bestimmte Engel heilen nicht nur den Menschen, sondern durch ihn auch die Natur. Wir können anderen Menschen Heilung zukommen lassen, indem wir ihnen Engel schicken. Laden wir Engel bewusst in unser Leben ein, so unterstützen sie uns tatkräftig im Alltag. Auf der Internetseite zum Buch, können die LeserInnen von ihren Erlebnissen berichten.

Suraya (Hrsg.)

Tatsachenberichte über Engel & Naturwesen
Über 20 Personen berichten von ihren Erlebnissen mit feinstofflichen Wesen

Taschenbuch · 172 Seiten · ISBN: 9783842334847 · BoD

Glauben Sie an Engel? Glauben Sie an die Existenz von Elfen, Feen und anderen Naturwesen? Was, wenn es sie tatsächlich gibt? Dank dieser Sammlung zahlreicher Tatsachenberichte erfahren Sie nicht nur, dass Engel & Naturwesen tatsächlich existieren, sondern auch, dass Sie einen ganz normalen und unspektakulären Umgang mit diesen wunderbaren Wesen pflegen können. Über 20 Personen aus verschiedenen Ländern berichten von ihren Begegnungen mit diesen wunderbaren feinstofflichen Wesen. Wir erfahren, wie der bewusste Kontakt zu Engeln & Naturwesen unser Leben bereichern kann.

Suraya

Glücklich SEIN

Wahre Freude, Liebe, Frieden und Weisheit in sich finden.

Taschenbuch · 156 Seiten · ISBN: 9783839115633 · BoD

Wünschen Sie sich ein Leben voller Freude und Harmonie? Suchen Sie inneren Frieden und das Gefühl bei sich selbst angekommen zu sein? Auf Ihrem Weg ins Glück, kann Ihnen dieser Ratgeber sehr hilfreich sein. Er lehrt Sie Ihres Glückes Schmied zu sein. Sie übernehmen Eigenverantwortung und gestalten aktiv Ihr Leben. Sie befreien sich von Ihrem Ego-Verstand und erkennen Ihr wahres Selbst. Sie finden wahre Freude, Liebe und Frieden, die der Quelle des SEIN entspringen. Sie entdecken Kreativität und Weisheit, die Stille offenbart. Sie leben achtsam im Moment und erfahren die Kraft der Gegenwart.